Ric

MIJN WOORDENBOEK

MW01710495

Plaatjes en teksten zijn van **RICHARD SCARRY**
Vertaling **MASCHA DE VRIES**

ISBN 97890 4760 1906

Eerste druk, 2008

Vormgeving: Sonja van Hamel

EEN GOUDEN BOEKJE

RUBINSTEIN

Hukkie zegt hallo!
Hij wil je graag aan zijn zus
Sallie en zijn goede vriend
Wim Worm voorstellen.

jas

trui

broek

Hukkie

wanten

Hoi, ik ben
Glimworm

sokken

gympen

laarzen

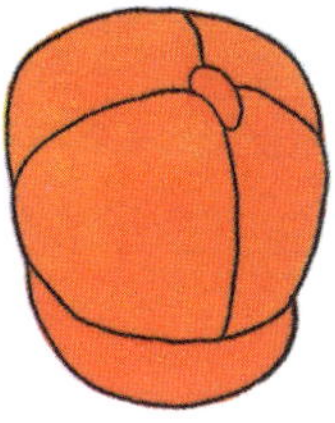

pet

blouse

regenjas

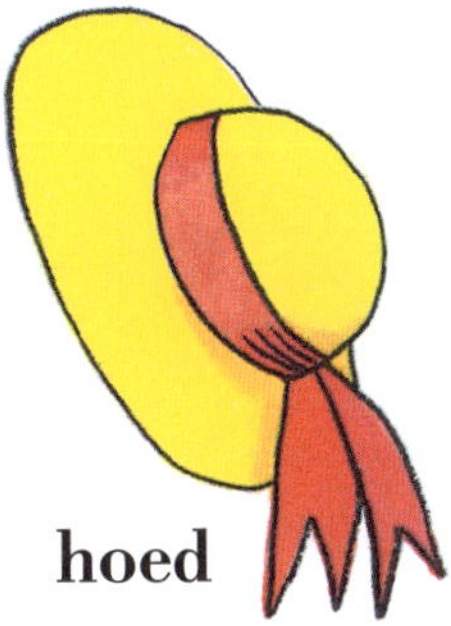

hoed

jurk

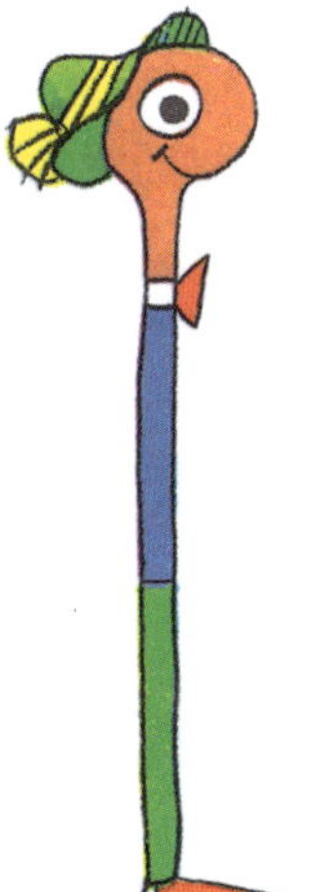

Wim Worm

Dit zijn de kleren
die ze dragen.
Wim Worm
draagt maar
één gymschoen.

Sallie

dak
schoorsteen
spiegel
ladekast
bed
vloerkleed
gang
slaapkamer
voordeur
lamp
schilderij
haard
brievenbus
woonkamer
tuinpad
rozenstruik

De familie Kat woont in een mooi huis. Ze zijn altijd bezig in en om hun huis. Wim ligt in bed want hij is nog steeds moe. Slaap lekker, Wim Worm.

kastje
klok
sleutels
afdruiprekje
gootsteen
pannen
theepot
koffiepot
kop
ei
lepel
schotel
vork
bord
mes

Kijk, we zijn in de keuken.
Papa doet de afwas en mama
maakt gezonde dingen klaar,
om op te eten.
Mmm... lekker. Verse aardbeien.

lamp

rode brandweerwagen

gele schoolbus

De familie Kat stapt in de auto en rijdt naar de stad. Ze gaan boodschappen doen. Wat een drukke straat!

oranje auto

roze keverkar

blauwe politieauto

bruine vrachtwagen

groene augurkwagen

paars
keverkarretje

zwart met witte taxi

politiebureau

Papa Kat rijdt met de familie naar de supermarkt. Wat een goede chauffeur ben jij, papa!

straatveger

bezem

stoplicht

stoeprand

POSTKANTOOR
baby
kinderwagen
bord
SUPERMARKT
weeg-
schaal
stoep
groenteman
slager

In de supermarkt kopen mama en Sallie eten.
Wim helpt ze.

doperwten
druiven
pompoen
bananen
grapefruit
maïs
sla
boontjes
bramen
tomaten
bietjes
worteltjes
een zak aardappelen
watermeloen
Is mama iets vergeten?
KOEK
KRAAK
koekjes
suiker
cornflakes
eieren

Hallo boer Varken!
Boer Varken verbouwt allerlei soorten groente en fruit op zijn boerderij.

vogel-
verschrikker
hak
ladder
schop
schuur
hark
haan
kuikentje
kip
groentetuin

staart
stewardess
raampjes
vleugel
straalmotor
bemanningslid
propellervliegtuig

Het is druk op het vliegveld. Er zijn veel verschillende vliegtuigen. Sommige vliegtuigen stijgen net op en anderen zijn net geland. Zou jij in een vliegtuig willen vliegen?

vlag
kapitein
pijp
reddingsboot
anker
vrachtschip
lichtboei
zeil
vissersboot
zeilboot
onderzeeboot

De haven is vol met boten.
De kapiteins moeten goed uitkijken
dat de boten niet tegen elkaar aanvaren.

Hier zijn alle letters van het alfabet

A a

appelauto

B b

beer

E e

ezel

F f

fluit

indiaan

I i

J j

jeep

Cc

cowboy

Dd draaimolen

geit

Gg

Hh

haan

Kk

kangoeroe

Ll

lichtboei

Mm

motor

Nn

nijlpaard

Qq

aquarel

… een woord dat begint met een q is te moeilijk!

Rr

rolschaatsen

Uu

uil

Vv

viool

Ww

wolf

Oo

onderzeeboot

Pp

pinguïn
in pak

Ss schoolbus

Tt

tijger

Xx

xylofoon

yak met
yoyo

Yy

zebra

Zz

Kun jij al je lichaamsdelen noemen?

Hukkie, Wim Worm en Glimworm zeggen tegen jou:
Tot de volgende keer!